かんたん手作り ♥

プチかわ
おさいほうこもの

作：寺西恵里子

汐文社

はじめに

おさいほうの楽しさは、
作ったものが使えるところにあります。
むずかしく考えないで、やり始めてみましょう。
思っているより簡単なのがわかると思います。
いろいろなぬい方も最低限のぬい方です。
これだけで、バッグも作れれば、フェルトマスコットも作れます。
おさいほうを通して
ものができあがる喜び、それを使える喜びを
味わってもらえたら……と思います。

作りはじめる前に

ここを読んでからはじめましょう。

🔘 針について

針は指を刺さないように注意して使いましょう。
落としたときは、
すぐに拾いましょう。
片づけるときは、針が落ちていないか確認しましょう。

🔘 はさみについて

切るときに他のものを切らないように、
気をつけましょう。

🔘 アイロンについて

電源は使うときだけ、入れましょう。
温度は中温にして、折り目がつかないときに高温にします。
使わないときは立てかけます。

必ず大人の人といっしょに使いましょう。

🔘 ミシンについて

電源は使うときだけ、入れましょう。
使用中は針から目を離さないようにしましょう。
針の前に手をいれないようにしましょう。
他の人がぬっているときは、ふれないようにしましょう。

もくじ

いろいろな ぬい方

しっかりぬいたいとき、かがりたいとき、ぬい方にもいろいろあります。
作るものに合わせて、ぬいましょう。

並ぬい

表と裏が同じようなぬい目でぬうぬい方です。最も一般的なぬい方です。

表

裏

半返しぬい

一針ぬって、半分戻りながらぬうぬい方です。少ししっかりぬいたいときのぬい方です。

裏

表

本返しぬい

表

裏

一針ごとに戻りながらぬうぬい方です。ぬい目の間があいていないのが特徴で、丈夫なぬい方です。

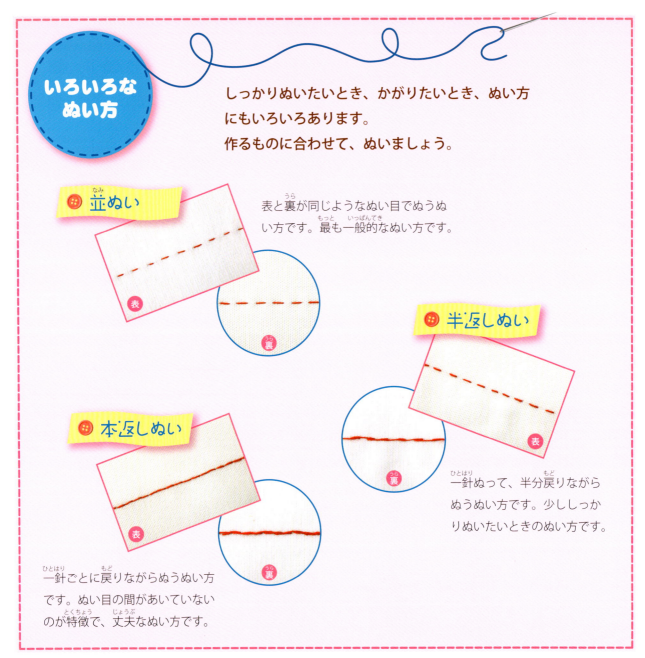

まつりぬい

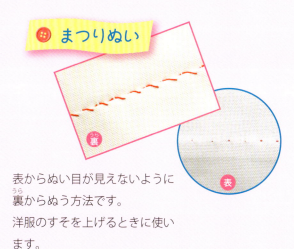

裏 / 表

表からぬい目が見えないように
裏からぬう方法です。
洋服のすそを上げるときに使い
ます。

たてまつり

表 / 裏

布の上に布をぬいとめる
ときのぬい方です。アッ
プリケに使います。

巻きかがり

表 / 裏

2枚の布の端を合わ
せて、巻きながらか
がるぬい方です。

ブランケットステッチ

表 / 裏

2枚の布の端を合わせ
たり、アップリケに使
うぬい方です。

さあ、いろいろなぬい方でぬってみましょう!

本返しぬい

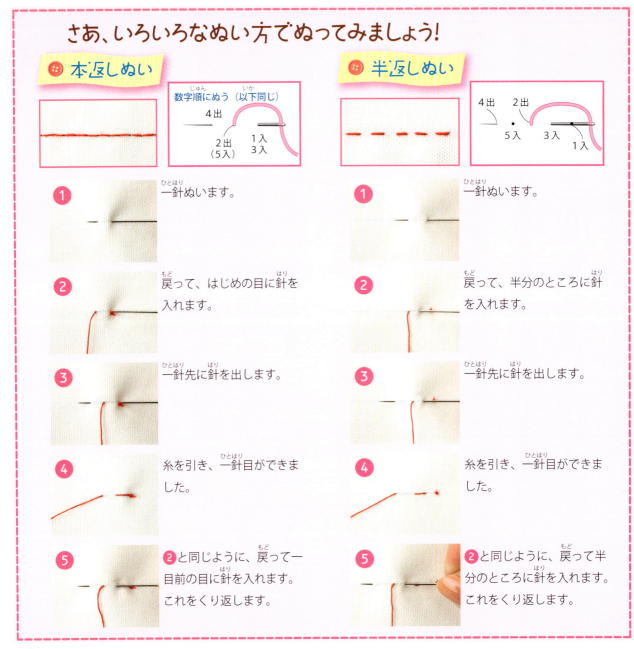

数字順にぬう（以下同じ）

4出
2出
（5入）
1入
3入

① 一針ぬいます。

② 戻って、はじめの目に針を入れます。

③ 一針先に針を出します。

④ 糸を引き、一針目ができました。

⑤ ②と同じように、戻って一目前の目に針を入れます。これをくり返します。

半返しぬい

4出　2出
5入　3入
1入

① 一針ぬいます。

② 戻って、半分のところに針を入れます。

③ 一針先に針を出します。

④ 糸を引き、一針目ができました。

⑤ ②と同じように、戻って半分のところに針を入れます。これをくり返します。

🔘 まつりぬい

1 手前の布の裏側から針を入れます。

2 向こう側の布の織り糸を2本くらいすくいます。

3 手前の布に針を斜めに入れます。

4 糸を引き、一針目ができました。

5 **2**と同じように、向こう側の布の織り糸をすくいます。これをくり返します。

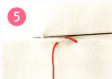

🔘 まつりぬいはどこをぬう?

まつりぬい

🔘 本返しぬいと半返しぬいとの違いは?

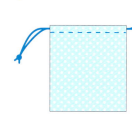

手ぬいのときは、ぬい方を用途によって変えます。

並ぬい でもいいのですが、より丈夫にぬうときは、**半返しぬい** 。
さらに丈夫にぬうときは、**本返しぬい** 。

7

🔵 たてまつり

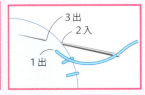

3出
2入
1出

🔴 巻きかがり

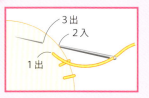

3出
2入
1出

1 布にアップリケ用布をのせ、裏から針を出します。

1 布を2枚重ねて、上の布の裏から針を出します。

2 アップリケ用布のきわの下の布に針を入れます。（のせる布の端に対して、糸が直角になるように）

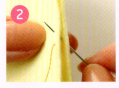

2 下の布から針を斜めに入れ、**1**のとなりに針を出します。

3 **2**のとなりに針を出します。

3 糸を引き、一針目ができました。

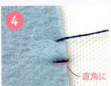

4 糸を引き、一針目ができました。

直角に

4 **2**と同じように、針を入れ、**3**のとなりから針を出します。これをくり返します。

5 **2**と同じように、針を入れ、**3**のとなりから針を出します。これをくり返します。

布の端に対して、まっすぐ直角の針目がポイントです。

🔘 ブランケットステッチ

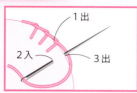

1出
2入　3出

1  布端から糸を出し、糸を右側に流します。

2  斜め下に針を入れ、糸の上に針を出します。

3 糸を手前に引き寄せ、針を抜きます。

4  糸を引き、一針目ができました。

5  **2**と同じように、針を入れ、糸の上に針を出します。これをくり返します。

🔘 たてまつり、巻きかがり、ブランケットステッチの使い分け方

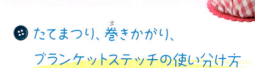

アップリケ

たてまつり

マスコット

巻きかがり

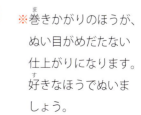

ブランケットステッチ

※巻きかがりのほうが、ぬい目がめだたない仕上がりになります。好きなほうでぬいましょう。

布端の始末

布端は切りっぱなしだとほつれてきます。
ほつれないようにする方法がいくつかあります。

🔘 かがりぬい

端を巻きかがりで
ぬいとめます。

🔘 三つ折りぬい

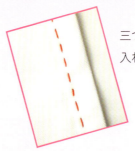

三つ折りにして、端を中に
入れて、ぬいとめます。

🔘 ピンキングばさみ

ギザギザに切れるはさ
みで、切るだけです。

🔘 ジグザグミシン

ミシンのジグザグぬ
いで端をぬいます。

🔘 ロックミシン

端ぬい専用のミシンです。
2～4本の糸でぬいます。

⊙ かがりぬい

1 内側から針を出します。

2 針をまっすぐにし、裏側から**1**のとなりに針を出します。

3 糸を引き、一目できました。

4 **2**と同じように、**3**のとなりから針を出します。これをくり返します。

糸を引きすぎないのがポイントです。

⊙ 三つ折りぬい

1 端をアイロンで折ります。

2 もう一度折ります。

3 並ぬいで、下までぬいとめるようにぬいます。

⊙ 厚い布と薄い布の始末の仕方

厚地・普通地	薄地

かがりぬい	三つ折りぬい

手ぬいの基本を覚えたら
バッグを作りましょう！

かわいくて、便利なバッグも
手ぬいで丈夫に作れます。
好きな布で作りましょう！

４つのぬい方でできています！

手ぬいでもぬい方しだいで丈夫なバッグが作れます。

① 並ぬい
ステッチ

② 本返しぬい
まわり

③ 巻きかがり
布端の始末

③ 巻きかがり
マスコット

④ たてまつり
マスコット

他にも丈夫に作れる
ポイントがあります。

🔘 持ち手は杉あやテープ

布で持ち手を作るより簡単で丈夫
に仕上がります。

🔘 接着芯をはります。

接着芯

布が丈夫になる上に、薄い
布でもしっかりするので、
ぬいやすくなります。

さあ、バッグを作ってみましょう！

線を引いてぬえば、きれいにぬえます。
接着芯（せっちゃくしん）をはって作れば、ぱりっとします。

さあ、楽しんで作りましょう！

材料（ざいりょう）

木綿地（もめんじ）（厚手（あつて））
ピンク 48cm×29cm

接着芯（せっちゃくしん）
ピンク 48cm×29cm

手ぬい糸　ピンク

杉あやテープ
ピンク 2cm幅（はば）：34cm×2本

レース
1.2cm幅（はば）：60cm

リボン
緑 0.4cm幅（はば）：18cm

フェルト　ピンク　緑

綿（わた）

25番刺しゅう糸（し）
ピンク　緑　白

道具（どうぐ）

ぬうもの
手ぬい針（ばり）　　まち針（ばり）

ピンクッション

刺しゅう針（し）（ばり）

糸切りばさみ

切るもの
布切りばさみ（ぬの）

チャコペン

定規（じょうぎ）

きれいに作るために
アイロン

アイロン台

必ず大人の人といっ（かなら）
しょに使いましょう。

その他
図案（ずあん）(P29)

セロハンテープ

シャープペン　手芸用ボンド（しゅげいよう）

⬤ 布を切ります。

29cm 24cm 29cm 24cm

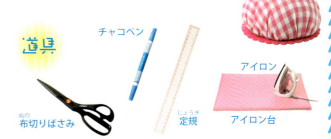

道具 チャコペン

布切りばさみ 定規 アイロン アイロン台

1 布をアイロンで、平らにします。

2 定規とチャコペンで、布の裏に直接かきます。

3 布を切ります。

4 布が切れました。

5 接着芯も同じ大きさに切ります。

⬤ 接着芯をはります。

必ず大人の人といっしょに使いましょう。

1 布を裏にして置きます。

2 その上に接着芯を表を上に置きます。

3 アイロンを上から押さえるようにかけます。

 **布端の始末をします。**

材料

手ぬい糸

道具

手ぬい針　まち針　チャコペン

ピンクッション

アイロン　アイロン台　定規

必ず大人の人といっしょに使いましょう。

---

①  布端に巻きかがりをします。（1本どり）

3mm　4mm

②  ぐるっと1周します。（2枚）

持ち手をつけます。

① 端から1cmの3辺にチャコペンで線を引きます。（1枚のみ）

1cm

---

②  持ち手のぬうところにチャコペンで線を引きます。（2本の両端）

③  持ち手をまち針でとめます。（2枚）

8cm

④  本返しぬいで、持ち手をぬいつけます。

4mm

⑤  持ち手を2カ所、ぬいつけます。（2枚）

16

● 本体をぬいます。

1 中を表にして 2 枚を合わせ、まち針をとめます。

2 本返しぬいでぬいます。（1本どり）

5mm

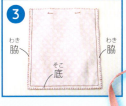
3 脇と底をぬいます。

脇 脇
底

● 入れ口をぬいます。

1 端を折ってアイロンをかけます。

2 表に返して、入れ口を折ってアイロンをかけます。

3 端から1.5cmのぬうところにチャコペンで線を引きます。

4 並ぬいでぬいます。（2本どり）チャコペンを消します。

2mm 3mm

バッグができたら マスコットを作りましょう！

フェルトを切ります。

道具

 図案 (P29)　 糸切りばさみ　 セロハンテープ

① 図案を一回り大きく切ります。

⑤ 切れた図案はフェルトにはって、くり返し使えます。

② セロハンテープでフェルトにはります。

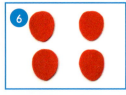
⑥ いちごを4枚切ります。

③ セロハンテープごと切ります。（ヘタの部分は点線を切ります）

⑦ ①〜③と同じように図案を切って、ヘタを4枚切ります。（図案はいちごとは別に用意して使います）

④ 切れたところです。

⑧ 葉っぱを2枚切ります。

いちごを作ります。

材料

刺しゅう糸

道具

シャープペン　刺しゅう針　手芸用ボンド

1
図案の上からシャープペンでいちごの模様を点で印をつけます。

6
巻きかがりで1周し、いちごを作ります。
（2個）

2
このようにつけます。
（2枚）

7
ヘタにボンドでリボンをはります。

3
並ぬいで刺しゅうします。
（2本どり）

ヘタの下の部分をボンドでいちごにはります。
（表裏で2個）

8

4
2枚を合わせて、巻きかがりをします。

9
ヘタの上の部分を巻きかがりをします。
（2個）

5
途中で綿を入れます。

10
いちごを2つ作ります。

19

 葉っぱをつけます。

材料

刺しゅう糸

道具

シャープペン　刺しゅう針

①
図案の上からシャープペンで葉っぱの模様を点で印をつけます。
（2枚）

②
並ぬいで刺しゅうします。
（2本どり）

③
リボンにたてまつりでぬいつけます。

④
ぬいつけました。

⑤
反対側もつけて、マスコットのできあがりです。

バッグにつけます。

①
いちごのマスコットを結んでつけます。

②
レースをリボン結びします。

できあがり！！

マスコットやアップリケになる
かわいい図案

図案は28ページに
あります。

フェルトを2枚合わせればマスコット！
1枚ならアップリケになります。

アップリケにもチャレンジ！
作ったバッグに
アップリケをしてみましょう！

マスコットができれば、
アップリケも簡単！
一針一針……
ゆっくり刺しましょう！

さあ、アップリケをしてみましょう！

アップリケは洗える<ruby>洗<rt>あら</rt></ruby>えるフェルトがいいですね。
たてまつりで、バッグにぬいつけましょう！

🔵 フェルトを切ります。

1 18ページと同じように切ります。

🌸 パーツを作ります。

1 パーツをたてまつりでぬい合わせておきます。

🔵 バッグにアップリケします。

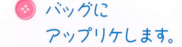

1 ボンドで軽くとめておきます。

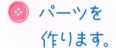

2 たてまつりでぬいつけます。

3 花、<ruby>茎<rt>くき</rt></ruby>、葉をぬいつけます。

Tシャツや
ジーンズにも
アップリケを
してみましょう！

簡単な形でも
いくつか並べるだけで
ステキなリメイクが
できます。

アップリケの仕方

① 🔘 フェルトを切ります。

② 🔘 フェルトを仮（かり）どめします。

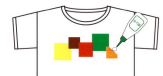

③ 🔘 ぬいつけます。

6cm
6cm

6cm
6cm

5cm
5cm

3cm
3cm

3cm
3cm

たてまつり

ボンドを少しつけて、
仮（かり）どめします。

たてまつり

300%に拡大（かくだい）して
コピーしてください。

Tシャツの図案（ずあん）

洋服に
アップリケする
ポイント

🔘 フェルトは……

洗（あら）えるフェルトを使いましょう。

🔘 ぬいつけるときは……

Tシャツやジーンズの中に、紙を入れ、
後ろまでぬわないようにしましょう。

🔘 フェルト以外（いがい）でも……

布（ぬの）でもできます。布（ぬの）を使うときはブラ
ンケットステッチでぬいつけるといい
でしょう。

持っている洋服をアップリケで
リメイクしてみましょう！

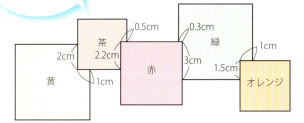

0.5cm

0.3cm

茶
2.2cm

緑

2cm

赤

1cm

黄

1cm

3cm

1.5cm

オレンジ

ジーンズの図案（ずあん）

ともに
200%に拡大（かくだい）して
コピーしてください。

青・水色：各1枚（まい）

青・水色・濃いブルー
：各1枚（まい）
ブルー：2枚（まい）

ゼッケンも自分で
つけてみましょう！

ゼッケンを一針、体操着を一針
くり返すだけで、簡単！
ぬい目も見えずにきれいです。

ゼッケンのつけ方

① 🔵 ゼッケンの布を切ります。

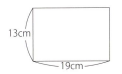

13cm
19cm

※サイズの指定がある場合は
横……指定寸法+2cm
縦……指定寸法+2cm

🟠 布は……

市販のゼッケン用布（アイロン接着タイプや伸びるタイプでないもの）またはシーチング、ブロード等

② 🔵 図案を作ります。

123

方法1
パソコンで文字を出力する。

方法2
ゼッケン用布についている文字表を利用する。

方法3
手で文字をかき、マジックなどで太くする。

③ 🔵 文字や図案を写して書きます。

油性マジック

図案　布（表）

④ 🔵 端を折ります。

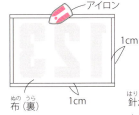

アイロン
1cm
布（裏）
1cm

針が後ろまでいかないように体操着の中に紙を入れておきましょう。

⑤ 🔵 ゼッケンを体操着にとめます。

中心　★
123
布（表）
まち針
体操着

体操着の縦の中心と、ゼッケンの縦の中心を合わせ胸の中央にくるようにします。首の下何cmぐらいか（★）を計ってつけましょう。

⑥ 🔵 仮どめをします。

0.5cm
123

並ぬい（1本どり）

0.5cm　1cm

⑦ 🔵 ぬいとめます。

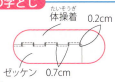

ぬい方 コの字とじ（1本どり）

①	②	③
123	体操着 ゼッケン	体操着 ゼッケン
裏から針を出します。	体操着を一針ぬいます。	ゼッケンを一針ぬいます。

コの字とじ

体操着　0.2cm
ゼッケン　0.7cm

1周したら、仮りどめをほどきます。

マスコットやアップリケになる図案

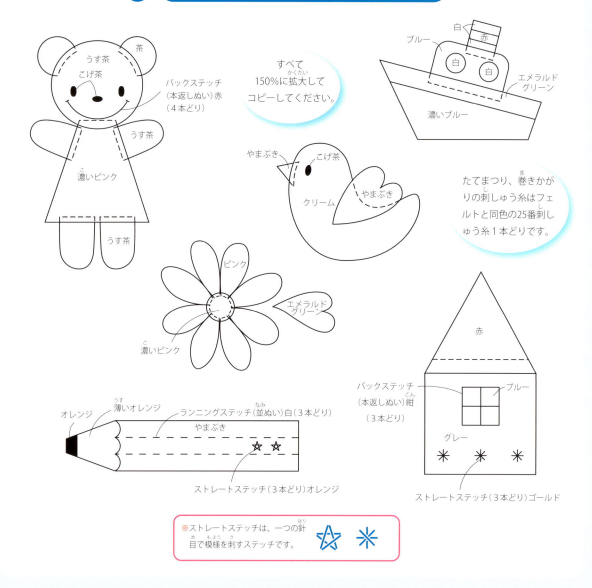

茶

うす茶

こげ茶

バックステッチ
（本返しぬい）赤
（4本どり）

うす茶

濃いピンク

うす茶

すべて
150%に拡大して
コピーしてください。

白

ブルー

赤

白

白

白

エメラルド
グリーン

濃いブルー

やまぶき

こげ茶

やまぶき

クリーム

たてまつり、巻きかが
りの刺しゅう糸はフェ
ルトと同色の25番刺し
ゅう糸1本どりです。

ピンク

エメラルド
グリーン

濃いピンク

赤

バックステッチ
（本返しぬい）紺
（3本どり）

ブルー

グレー

ストレートステッチ（3本どり）ゴールド

オレンジ

薄いオレンジ

ランニングステッチ（並ぬい）白（3本どり）

やまぶき

ストレートステッチ（3本どり）オレンジ

※ストレートステッチは、一つの針
目で模様を刺すステッチです。

28

図案からマスコットを作る方法

1 ❀ フェルトを切ります。　**2** ❀ パーツを作ります。　**3** ❀ パーツを組み立てます。

たてまつり　　たてまつり

ボンドではる

たてまつり

綿

くちばしを
はさむ

➡

できあがり！！

つばさを
ぬいつける

※ 2枚ずつ切り、綿を入れるところ・入れないところを
　決めて、パーツから順に組み立てます。

すべて
150%に拡大して
コピーしてください。

この本で使われた図案

P18　バッグのマスコット　　　　　　**P22**　バッグのアップリケ

リボンつけ位置

緑 4枚

ピンク 4枚

ストレートステッチ
（2本どり）白
　　　バックステッチ（本返しぬい）濃い緑（3本どり）

緑 2枚

白

ピンク

きみどり

たてまつり、巻きかが
りの刺しゅう糸は、フ
ェルトと同色の25番刺
しゅう糸1本どりです。

29

おさいほうの基本　赤字のページでは、項目について説明しています。

豆知識　知っておくと便利なことや言葉を本文で紹介しています。

いろいろなぬい方で
手作りを楽しみましょう！

他にもいろいろ
作れるので
チャレンジして
みてください！

バッグ

ゼッケン

アップリケ

作 ◉ 寺西 恵里子（てらにし えりこ）

(株)サンリオに勤務し、子ども向けの商品の企画デザインを担当。退社後も"HAPPINESS FOR KIDS"をテーマに手芸、料理、工作を中心に手作りのある生活を幅広くプロデュース。その創作活動の場は、実用書、女性誌、子ども雑誌、テレビと多方面に広がり、手作りを提案する著作物は600冊を超える。

http://www.teranishi-eriko.co.jp

『エコ手芸でお店屋さん』(汐文社)『かわいい「リメイクエコ雑貨」』(PHP研究所)『3歳からのお手伝い』(河出書房)『365日子どもが夢中になって遊ぶあそび』(祥伝社)『もっとかんたんマフラーと帽子』(辰巳出版)『かわいいチョコレートのおかし』(日東書院)『レストランを折る』(ブティック社)『チラシで作るバスケット』(NHK出版)『0・1・2歳のあそびと環境』(フレーベル館)『ねんどでつくるスイーツ＆サンリオキャラクター』(サンリオ)『アイデアいっぱい！壁面装飾＆室内飾り』(成美堂) 他。

撮　　影 ◉ 奥谷 仁
作品制作 ◉ 森 留美子　鈴木 由紀　吉本 真由美　関 亜紀子　上田 菜穂　堤 美江
　　　　　　 HAYURU　やの ちひろ

撮影協力 ◉ ブラザー販売株式会社
　　　　　　 〒467-8577　名古屋市瑞穂区苗代町15番1号
　　　　　　 TEL：052-824-3311 (代表)

カバーイラスト ◉ いのうえ　たかこ

カバー・扉デザイン ◉ 池田　香奈子

かんたん手作り♥ プチかわおさいほうこもの

発行日	2018年4月　初版第1刷発行 2024年8月　初版第3刷発行
作	寺西 恵里子
発行者	三谷 光
発行所	株式会社　汐文社 〒102-0071 東京都千代田区富士見1-6-1 TEL 03-6862-5200　FAX 03-6862-5202 URL：http://www.choubunsha.com
印刷	新星社西川印刷株式会社
製本	東京美術紙工協業組合

乱丁・落丁本はお取り替えいたします。
ご意見・ご感想は read@choubunsha.com までお送りください。

ISBN 978-4-8113-2478-4

この本は2011年に小社から刊行した『はじめてのおさいほう　②いろいろなぬい方』の軽装版です。